PoetryPhotographs

16 qm

PoetryPhotographs

16 qm

Poesie & Notizen in Zeiten der Pandemie

Bibliografische Information der Deutschen
Nationalbibliothek:
Die Deutsche Nationalbibliothek verzeichnet diese
Publikation in der Deutschen Nationalbibliografie;
detaillierte bibliografische Daten sind im Internet über
http://dnb.dnb.de abrufbar.

Herstellung und Verlag: BoD – Books on Demand,
Norderstedt

ISBN: 978-3-7578-6336-4

Weil die Welt mehr Nähe braucht...

16 qm

Vorwort

März 2020, ich 24.

April 2022, ich 26, als ich wahrscheinlich zum ersten Mal an Covid erkrankte.

Dieses Buch ist eine Zusammenfassung meiner Gefühle, Emotionen, Zerrissenheit und Beobachtungen der Jahre 2020 - 2022.

Die meiste Zeit während dieser Jahre habe ich in einer 3er WG gewohnt, natürlich nicht nur auf 16qm, aber so groß war mein Zimmer. Ich finde, die Zahl zeigt ziemlich deutlich, wie klein die Welt auf einmal für fast alle war.

Die Notizen, Gedichte und Texte sind Momentaufnahmen auf meine Sicht der Dinge und wie ich mich damals fühlte. Spätestens ab Mitte März 2020 war klar, dass etwas passiert war, was wir uns in unseren kühnsten Alpträumen nicht vorstellen konnten. Ich weiß, dass ich verdammt gut durch diese verrückten Jahre gekommen bin und ich weiß auch, dass ich verdammt viel Glück hatte, „einfach nur zuhause sein zu müssen". Dennoch hatte ich vor allem am Schluss das Gefühl, dass grundlegende Bedürfnisse von uns Menschen ein bisschen vergessen wurden.

Ohne meine wunderbaren Freunde und meine Familie wäre ich vielleicht auch, wie so viele andere in dieser Zeit daran gebrochen. Deswegen ist dieses Buch vor allem an euch. Danke, dass es euch alle gibt und dass wir egal was kommt, immer das Beste aus allem machen.

Nachbemerkung:

Ich weiß keiner hat mehr Bock auf das C-Wort und viele wollen diese Zeit einfach hinter sich lassen, dennoch finde ich es wichtig, diese Zeit aufzuarbeiten. Denn nur wenn wir auf die Vergangenheit schauen und aus ihr lernen, können wir eine Zukunft erschaffen, die wir brauchen.

2020

Neben dir

Ich weiß ich kann grad nicht bei dir sein
auch wenn ich es gern wäre,
wollte dir nur sagen
auch mir fällt es sehr schwer.
Und dass du nicht allein bist,
denn in Gedanken sitz ich neben dir,
berühre dich am Arm.

Wir lachen, als wäre es,
wie jeder ganz normale Tag.
Und als würde nicht die Welt
vor unseren Augen zusammenbrechen
und die Straßen wären nicht so leer.

Und dennoch bin ich zuversichtlich,
denn irgendwann ich spüre es,
wird auch das vorübergehen.

Und wir werden wieder
eng beisammensitzen
Witze reißen, lachen
und uns gegenseitig kitzeln.

Ich weiß nicht wann
und auch nicht wo,
doch in Gedanken sitz ich neben dir
und flüster`s dir ins Ohr.

März 2020

Palmentraum

Ich habe mir eine kleine Palme gekauft
und stelle sie mittig in mein Zimmer auf.
Damit ich morgens beim Aufwachen
sie direkt erblicken kann
und mir vorstelle
ich wäre direkt am Strand
oder in irgendeinem anderen
tropischen Land.

März 2020

Kein Titel

In meinem Raum
stehen ein paar alte Sachen,
die ich voll vergessen hatte.

Vollgekritzelte Tagebücher,
alte Schallplatten
und abgetragene Sachen.
Die ich jetzt höre, lese, trage

und mich in Zeiten versetzen,
die ich total vergessen hatte.
Und mich daran erinnern,
was ich früher alles vorhatte.

Ich wollte die Welt entdecken,
Straßenmusik machen,
im Zirkus auftreten
und ganz viel Lachen.

Doch jetzt sitz ich hier
in meinem Raum
und mach eine Reise zurück
in die Vergangenheiten.
Denn die Grenzen sind zu
und das Einzige, was bleibt,
ist zu mir selbst zurückzureisen.

März 2020

Socialdisdancing

Ich dreh die Musik voll auf,
tanze heute nicht in meinen besten Klamotten,
sondern viel lieber
in meinem Lieblingsschlaberoberteil
und in meinen alten Socken.

Ich tanze nur so für mich allein
in dem Wohnzimmer,
dass ich mir mit meiner Familie teil.

Doch in Gedanken
tanze ich mit
all den anderen zusammen,
die gerade auch Socialdisdancing betreiben
und versuchen das Virus nicht weiterzuverbreiten.

März 2020

Fensterweit

Eine unbekannte Gestalt
lehnt sich genüsslich aus dem Fenster heraus.
Ihr Blick so weit,
wie das Fenster breit.

Von der rechten Seite
bis zum Bäckerladen,
von der linken Seite
blickt man direkt in den Nachbarsgarten.

Schaut sie geradeaus
sieht man eine Straße
und ein paar Bäume, Sträucher
halt ein bisschen grün
zwischen den anderen Häusern.

Die Gestalt starrt gerne
aus dem Fenster raus.
Freut sich, wenn Leute
morgens zum Bäcker latschen,

unausgeschlafene, zerknautschte Gesichter,
die mit dem empfohlenen zwei Meter Abstand
auf ihre frischen Brötchen warten.

Ein paar Jogger, die hochrot im Gesicht
sich versuchen zu verausgaben

und jetzt schnell die Straße wechseln,
um jeglichen Ansteckungsweg zu eliminieren.

Dann noch die Hundigassigeher,
die fast jeden Tag
zur selben Zeit ihren Hund hinausjagen.

Die dann versuchen
mit einem ihrer Hinterbeine hebend
das Geschäft ihres Lebens,
in den paar Minuten zu erledigen.

Und trotz dem Virus
können es die meisten nicht lassen
und kacken lieber auf den asphaltierten Weg,
als auf den kleinen grünen Rasen.

Die Gestalt am Fenster lacht.
Amüsante Welt,
so lange Hundebesitzer
noch versuchen stinkige Haufen
mit bunten kleinen
Plastiktüten aufzusammeln
ist die Welt noch nicht ganz
aus den Angeln gehoben.

Dennoch passiert nicht viel die Tage,
weniger Autos fahren auf der Straße.
War normalerweise Feierabendstau zu sehen,
ist man froh, wenn ein paar Autos
sich noch bewegen.

Und drüben im Nachbarsgarten
wird gehämmert und gesägt.
Das Gartenmobiliar wird jetzt
endlich gepflegt.

Die ältere Frau jätet jetzt oft den Garten,
sitzt bei schönem Wetter
draußen mit einem Tee,
ihre Lieblingstasse so rot wie Mohn Klee.

Manche Sonnenuntergänge hinterlassen
schlierige Himmelsstreifen
die schnell verschwinden

und dunkle Schatten zwischen Bäumen, Sträuchern
und Häuserwänden erscheinen,
wenn die drei Straßenlichter vor dem Haus
die Szene in künstliches Licht eintauchen.

Und nachts noch
einsamere Gestalten beschließen
die Straße entlangzuspazieren.

Niemals drei,
höchstens zwei,
24h dieselbe Regel.

Manchmal glühen Zigarettenstümpfe
wie kleine Glühwürmchen
auf anderen Balkonen.

Die Gestalt am Fenster ist zufrieden.
Denn wenigstens ihr Fensterleben,
kann ihr ein bisschen Abwechslung bieten.

01.04 2020

An Aus

Nachrichten laufen im Dauerlauf,
jeden Tag ein bisschen schlimmer,
noch mehr Tote,
keiner zählt mehr.
Menschen sterben wie Eintagsfliegen
hinter verschlossenen Türen.
Kein Platz mehr an Maschinen,
um künstlich Luft zu kriegen.

Manche schalten die
schwarzen Bildschirme einfach
für eine große Zeitspanne aus.

Setzen sich in den Garten
umringt von lebenden Pflanzenarten.
Die Knospen sprießen,
Blumen und Gräser schießen.
Unterschiedlich, andersfarbig,
dunkelgrün bis hellrosa.

Strahlend warme Sonne
und krasses Himmelsblau
kleben so am Horizont,
umranden das Gartenhausszenario
in dem friedlich die Welt so daliegt,
als wäre nichts passiert.

Unsterblich unverwüstlich unverwundbar

Surreal und als wäre das Virus nicht da,
doch manchmal hört man
silberne Maschinenvögel kreisen,
die versuchen Intensivpatienten
besser auf die Krankenhäuser zu verteilen.

13.04.2020

Kontaktlos

als wäre eine Scheibe
zwischen uns aufgestellt.
Unsichtbar, doch sie hält
uns voneinander fern.

Körperliche Berührungen
gibt es nicht mehr
und die Digitalisierung
haben wir jetzt sehr gern.

Umarmungen von Computern,
Handys und Laptops
werden immer mehr.

Liebe wird gesendet mit Bildern,
Videos und Worten,
die versuchen
den kontaktlosen Raum auszufüllen.

Und unsere Körperporen
versuchen aufzusaugen,
was uns Personen nun digital übertragen,
wenn sie in ihre Frontkamera sagen,
wie gerne sie uns haben.

22.04.2020

Zivilisation?

Das zivilisierte Europa gibt es nicht mehr,
doch was ist schon zivilisiert?
Ein Wort das schon im Kolonialismus verwendet wurde,
um andere Menschengruppen auszusortieren
und über sie zu regieren.

Ein unsichtbares Virus hat unser System
aus den Angeln gehoben.
Fragile Lieferungsketten alles wurde vom Vertrieb
immer ins günstigere Ausland verschoben.

Hier ein Schräubchen, dort die Mutter
zusammengesetzt an einem anderen Ort,
an dem Menschen für einen Hungerlohn
das Rad weiterlaufen ließen.

Export, Import kauft so viel ihr wollt!
Und wozu? Um noch mehr Müll zu produzieren,
denn die Hälfte der neuen Sachen
landet doch eh im Abfallresort.

Kaum sind die ersten Fälle da,
werden die Schranken zugemacht
und jedes Land muss zusehen,
wie es die Krise allein schafft.

Klar ein paar Patienten werden über die Grenze gebracht,
um ein bisschen Solidarität und Beistand zu leisten,

denn eigentlich will man es mit seinen Nachbarsländern
nicht wirklich verscheißen.
Dennoch abschotten und allein machen,
denn in Krisenzeiten ist eigentlich keiner willkommen.

Die Augen werden verschlossen und
50 Minderjährige Flüchtlinge
von ein paar Tausend werden aufgenommen.
Hurra, Hurra, die EU-Flüchtlingspolitik
ist wirklich wunderbar!

Und die restlichen anderen werden dort im Sumpf
verantwortungslos zurückgelassen.
Wir machen da jetzt ein neues europäisches Massengrab,
nur weil niemand etwas wagt,
in diesem riesengroßen zivilisierten Europa
ein bisschen mehr Platz für Flüchtlinge zu schaffen.

Positive Eindämmungsergebnisse
werden hochjubelnd in den Medien gefeiert.
Vielen ist immer noch nicht klar,
dass wir das Virus vielleicht länger haben als ein Jahr

Denn es verschwindet ja nicht wirklich,
sondern ist, wenn auch unterdrückt
jetzt für immer da.

22.04.2020

Schnipp Schnapp

Haare ab
vorm eigenen Spiegel
gekämmt
heruntergezogen
und mit der Schere
in der Hand versucht
auf eine gemeinsame Länge
zu kriegen.
Endergebnis
Ich war nicht so zufrieden
der Frisör wird,
wenn er wieder aufhat
es hoffentlich schöner hinkriegen.

April 2020

...
Das Lächeln unter der Maske
unerkannt,
doch ich sehe,
deine Augen strahlen
mich trotzdem an.

April 2020

Das Aushalten der Einsamkeit

Das Hineinhorchen in die Ewigkeit.
Das Alleinsein mit den Gedanken.
Das nicht mitteilen können mit anderen.
Das Vermissen nach Lebendigkeit.
Das Verlangen nach Unbekümmertheit.
Das Nachdenken und Reden
über die immergleichen Themen.

Das Nichtverstehen der Nachrichten.
Das Warten auf Öffnungen.
Die Angst haben der Ansteckung.
Das Achten auf Abstandsregeln.
Das Sehen der vielen Polizeiwägen.
Das Nichterkennen von Bekannten
wegen Gesichtsmaskierungen.

Der Geruch der Desinfizierung.
Das Ticken der Zeit.
Die vielen geschlossenen Läden.
Das langsamere Leben.

Für viele stiller, ruhiger.
Für andere schneller,
das Leben am Anschlag,
Überbelastung und kaum Entlastung.

UnGLEICHheiten

Manchmal kaum auszuhalten.
Wieder die Gewöhnung und
Anpassungsfähigkeit
des Menschen an Ungeplantheit.

April 2020

...

Und ich laufe
so durch die Stadt.
Maskengesichter
und Gesichtermasken.

Punkte, Formen, schräge Farben
doch eigentlich ist jeder froh
sie wieder abzuhaben.

April 2020

Zwiespalt

Abstand.
Nähe.
Wie weit darf ich stehen?
Oder an dir vorbeigehen?
Umarmen?
Händeschütteln?

Muss ich eine Maske tragen?
Mich maskieren?
ZerRISSENheit

Will eigentlich alles so wie früher haben.
Lächeln, ohne einen Mundschutz zu tragen
Nicht immer Händewaschen
und alles Mögliche desinfizieren.

Will die Händeschütteln,
wenn ich jemand neuen kennenlerne.
Auch mal Bekanntschaften umarmen,
nicht immer nur distanzieren.

Will keine Angst haben, zu riskieren
das Virus in mir zu tragen
und mit einer leichten Berührung
an dich weiterzureichen.

Mai 2020

...
Ich vermisse die Touristen,
wie sie eilig
alle Sehenswürdigkeiten abklappern.
Posieren,
Anzeigetafeln studieren,
überteuerte Souvenirs kaufen
und sich in Hotels verwöhnen lassen
und dem Eismann extra Kleingeld dalassen.

Mai 2020

Diktierte Freiheit

Und vielleicht war es schon immer so,
von oben schrie jemand:
Hilfe, Halt, Stopp!
Außer Kontrolle geraten.
Das geht nicht so,
das macht man nicht.
So wird alles kaputt gemacht und zerstört.
Und heimlich wurden die Schalter gelegt
und die Freiheit wieder diktiert.

Mai 2020

Der Reisende in der Coronazeit

Maskiert stehend am Bahnhofsgleis.
Abstand haltend
wippt er auf einem Bein.
Rückwärts vorwärts
hoch und runter.

Kann es kaum erwarten,
wieder ein bisschen
frischen Wind zu bekommen
und seinen Radius endlich
vergrößern zu können.

Seine Fahrkarte hat er jetzt
mobil auf seinem Handy.
Digital zuhause hat er ja
jetzt die letzten Monate trainiert.

Gebucht alles online
und das hat wirklich super funktioniert.
In seinem Rucksack
hat er neben der Wasserflasche
ein bisschen Desinfektionsmittel dabei.

Nur für alle Fälle,
denn man weiß nie
und Hygiene ist ja jetzt das A und O,
egal ob nur zum Supermarkt oder
ob man sich jetzt ein paar 100 km weiterwagt.

Entspannt findet er seinen
ihm zugewiesenen Platz im Zug.
Setzt sich und genießt,
wie die Felder und Städte vorüberziehen

Ihn nervt es ein bisschen,
kaum Luft zu kriegen.
Schiebt seinen Mundschutz
immer heimlich runter,
wenn es keiner sieht
und er sich nicht beobachtet fühlt.

Nuschelt der Kontrolleurin zu,
sie brauche ihn nicht zu kontrollieren,
denn er hat bereits brav
an seinem Platz den QR-Code gescannt
und somit die kontaktlose Variante gewählt.

Juni 2020

Keine Lust

Die Sehnsucht nach bildschirmfreier Zeit,
keine Lust mehr auf flirrende Bilder zu starren und
durch schlechte Kameras
verwackelte Menschen zu sehen.
Keine Lust mehr auf technische Pannen,
auf das Warten,
ob die Person nochmal digital erscheint.
Werden zum Homos Digitalus
bekannt für seine viereckigen Augen
die gleichen sich dem Bildschirm an
auf das er nonstop starrt.

Juli 2020

Hinterhofgeräusche

Bunte Gardinen flattern
aus den Fenstern raus.
Sommerluft trägt
Musik und Essensgeräusche hinaus.

Manche Balkone sind zum Schmücken dar
und manche ganz unbenutzt und kahl.
Abends hört man leise Stimmen
oder sieht flackernde Fernsehbildschirme,
die die Zimmer erhellen.

Manchmal krächzt ein Vogel
vom nebenstehenden Baum.
Flussgeräusch, das klingt als würde
die ganze Zeit der Himmel weinen.

Lichterketten, die manchmal
aus dem Fenster scheinen.
Musik von Nachbarn, der die Trompete spielt
und mit jedem Stück üben
wirklich ein bisschen besser wird.

Lachen, wenn die Nachbarn
sich im Garten treffen.
Kindergeschrei, wenn die zwei Geschwister
sich wieder miteinander fetzen.

Liebe Hinterhofgeräusche
euch will ich nicht missen.
Die kleinen täglichen Geräusche,
die das Leben ein bisschen erfrischen.

August 2020

...

So ganz spontan
wird wieder alles
dicht gemacht.
Geschäfte geschlossen
und Abstand vergrößert.
Der Mensch wird wieder

„asozialisiert".

Die Unsicherheit
fahre ich heute weg
oder bleibt man doch lieber
im sicheren Hafen
keine spontanen Reisen
alles muss geplant werden...

Oktober 2020

Die große Leere

Leer
Geschlossen
Freie Zeit

Schlendern draußen,
nur zu zweit.

Einsamkeit
Langeweile
Trüblosigkeit

Allein soll man sein.
Viel lieber mag ich
Menschen tanzen und singen zu sehen.

Geheim versteckt
kann man sie jetzt
im Wohnzimmer entdecken.

Die, die ihre letzten Runden drehen
im Swing der Corona Zeit
in der Distanz voller Trunkenheit.

Und der Glücksmomente der Menschen,
die man berührte
vor gefühlt einer Ewigkeit.

Aber ab und an
gibt es immer noch
die, die tanzen.

Jetzt halt nur allein oder zu zweit,
sie drehen ihre Figuren,
wirbeln herum.

Nur um einen herum,
ist alles stumm.
Kein Publikum das klatschen kann.
Keine anderen Tanzpartner:innen,
die man Schritt für Schritt verführen kann.

Alles ist stummgestellt.

Für eine Weile
bleibt immer der
gleiche Tanzpartner
an deiner Seite.

November 2020

Stille Straße

Einsam liegt sie da
ins orangekünstliche Licht getaucht,
der Lampen,
die sich langsäumen.

Alles leer,
verkrochen hinter
dem schützenden Raum
der vielen Häuser.

Kaum einer ist draußen,
nur manchmal
sieht man die Provokanten,
die mittig auf der Straße
ohne Maske flanieren.

Lieder pfeifen
oder mit Gesang versuchen,
die Stille zu bekämpfen,
die sich ausgebreitet hat
in der leeren Straße,

weil es zuhause bleiben
geheißen hat.

November 2020

Fluss der Tränen

Ich weine für die, die ihr Leben ließen.
Für die, die zu Recht vor Kriegen wegliefen.
Für die, die in den tausend Flüchtlingslagern schliefen.
Für die, die Hunger spüren.
Für die, die seelische Narben tragen.
Für die, die keine Beerdigung kriegen.
Für die, die abgeschottet, allein in einem Zimmer liegen.

Ich weine für all die UnGERECHTigkeiten
auf dieser Welt.
Meine Tränen laufen die Wangen herunter.

Salzig süß
werden sie aufgefangen
im Fluss der Tränen.

Wie viele Tränen sind schon hier reingefallen?
Von all den unterschiedlichen Menschen,
die bittersüß wie ich Tränen vergossen.

Die hofften und bangten
und sich immer wieder fragten,
wann, ja wann wächst die Menschheit
endlich innerlich mehr zusammen?

Dieser Fluss der Tränen schlängelt sich von Ufer zu Ufer.
Schenkt Wasser für neues Leben
und vielleicht wird dadurch
irgendwann endlich
das Gute in der Menschheit siegen.

November 2020

Anders

Es ist so vieles anders,
als ich es bisher gewohnt war.
Immer mit dem Supermarktwagen
einkaufen gehen,
die in kleinen Läden
manchmal einfach echt ungeschickt stehen.

Nochmals zurückrennen
rein ins Haus,
denn man hat mal wieder seine
Stoffmaske vergessen einzustecken.
Dabei begleitet mich das Must-Have
seit Monaten tagein und tagaus.

Und ich atme unter der Maske
ein und aus.
Meine Kontaktdaten
kann ich im Schlaf herunterzählen,
egal wo man hingeht,
muss man sie auf irgendeinem Zettel
oder digital erwähnen.

Abends gibt es Ausgangsbeschränkungen
manchmal schon ab 8
oder noch früher.
Kommt auf das Infektionsgeschehen
und die Inzidenzwerte an.
Alles ganz neue Wörter,

die davor sicher nicht jeder kannte,
werden zu Alltagsbegriffen.
Wie schnell alles sich verändert
ohne Witz habe ich durch die Pandemie
erst richtig begriffen.

Bin mit der Bandweite ganz neu verbunden,
denn durch Kabel oder Ethernet
sehe ich Freunde, Kollegen und Verwandten
nur noch durch das digitale Netz.

Ich hoffe, dass diejenigen
die es trotzdem erwischt
nicht zu den Prozenten gehören werden,
die man dann irgendwann
auf der Intensivstation vorfinden kann.

Gehe jetzt öfters echt lange spazieren,
in meinem Radius von 15 km.
Hätte mir das vor einem Jahr jemand erzählt,
da hätte ich gelacht, die Augen verdreht
und mir insgeheim gedacht,
dass sich hier wohl jemand
eine gute Science-Fiction ausgedacht hat.

Ich sehe Menschen, die sich nur noch draußen treffen,
um ja nichts zu riskieren
und alle Ansteckungswege zu minimieren.

Was ich noch gruseliger finde,
wie schnell man sich so anpasst

an die Begebenheiten.
Das Abstandhalten,
nicht mehr Händeschütteln,
das ständige Händewaschen
und desinfizieren.
Das Checken der neuen Regeln
das Verwirrtsein,
was man darf und was nicht.

Die leeren Straßen,
die geschlossenen Einkaufsläden.
Das nicht ausgesprochene Reiseverbot.
Ja es ist so vieles anders
als ich es kenne.

Keine großen Menschenmengen.
Keine tanzenden grölenden Discogänger.
Kaum Sportmöglichkeiten…
Irgendwann hat man dann genug von den
Ausnahmemöglichkeiten.
Ich will wieder mehr Freunde treffen,
vielleicht mal wieder
ein romantisches Dinner essen.

Ins Kino gehen und
auf einer richtigen Leinwand gute Filme sehen.
Nicht immer nur vor dem kleinen Bildschirm
oder Fernsehen versacken.
Mal wieder länger rausgehen
und neue Menschen kennenlernen.

Ja alles ist so anders.
Heruntergefahren
und leise gestellt.
Das Einzige, was
bleibt ist das Abwarten,

bis das andere
abgelöst wird vom Rückgang der Zahlen.
Von Nachrichten über Impfungen
oder Medikamenten,
die etwas zur Heilung beitragen,
damit wir wieder ein bisschen
das vorige Leben wagen.

Das zusammen sein mit anderen
ohne Risiko zu betrachten.
Sich einfach mal wieder
ganz normal treffen
ohne Regeln und Verbote
und auch ohne so vielen Toten.

November 2020

...

Und wenn mir die Welt
draußen dunkel und kalt erscheint
nehme ich mir Stift und Papier
zur Hand
und male die Welt
mit bunten Farben an,
wie sie mir gefällt.

Zeichne Striche kreuz und quer,
wie ein Kind das gerade Malen lernt.
Folge ich meiner Intuition
und meiner inneren Vorstellung.

In meinen Gedanken
vermischt sich alles miteinander.
Was auf den ersten Blick unnatürlich erscheint,
hängt doch irgendwie alles zusammen.

Wer weiß, wie das wäre, wenn
alle Stifte und Papier besäßen
und uns leiten lassen
von unseren inneren Gedanken.

Wie bunt und schön und vielfältig
würde die Welt mit unseren Bildern
und Geschichten aussehen.
Wir könnten all die schönen Werke
auf Wäscheleinen spannen,
sodass jeder sie sehen könnte.

Eine Inspirationsquelle für jedermann.
Mit Konfetti und Collagen
könnten wir sie zusammenkleben.
Ein einzigartiges Werk erschaffen.
In der Hoffnung sie hält
die Menschheit ein bisschen mehr zusammen.

November 2020

Der Vietnamese in seinem Restaurant

Wir gingen an dem Fenster vorbei
und konnten unseren Augen nicht trauen,
als der ältere Mann
mit seinem Golfschläger in der Hand
in seinem geschlossenen Restaurant
zwischen Tischen und Stühlen
die Zeit nutzte, um ein bisschen seinen Aufschlag
im Golf spielen zu perfektionieren.

Lächelnd schaute er uns an,
als er sah, dass wir verwundert
die Szenerie in Augenschein nahmen.
Ich muss allerdings sagen,
wenn nicht jetzt, wann dann
kann man mal Golfspielen
in seinem geschlossenen Restaurant.

Dezember 2020

…
Auf der Parkbank liegen süße Sachen.
Sie duften wirklich herrlich
und sind zum Vernaschen der Draußen Treffenden
Tee wird getrunken
ohne Gläser berühren zugeprostet.
Abstand gehalten und trotzdem
gemeinschaftlich sich verhalten.

Und immer, wenn ich jetzt Filme sehe,
denke ich, wo sind eure Masken,
wo ist der Abstand?
Krass, wie sich so ein Jahr anfühlt,
wie die Ewigkeit.
Es wird nie wieder so sein, wie es war,
denn die einzige Konstante die bleibt,
ist die der Veränderung bis in die Ewigkeit.

Dezember 2020

Parallelwelten

Auf der einen Straßenseite
ein großer Platz, dort
versammeln sich die Leute
eingekesselt von der Polizei,
um gegen die neuen Maßnahmen
zu demonstrieren.

Diktatur, Freiheitsbeschränkungen,
Widerstand!
Wir wollen keinen Abstand,
keine Maske
und Beschränkungen.
Wir haben es satt!

Eine Straße weiter,
Lichterglanz.
Ein Klavierspieler verzaubert
die paar Passanten,
die wirklich nicht eng beieinanderstehen
mit den Weihnachtsliedern
in himmlische Sphären.
So grotesk kann das Leben sein,

auf der einen Straßenseite
fluchen sie und heulen,
auf der anderen genießen sie die Zeit
mit der Melodie
die ein bisschen die Einsamkeit vertreibt.

Und es fast so scheint,
als wäre es wie damals
in der anderen VOR der Virus Zeit.

Dezember 2020

…
Unter der Brücke
sitzen zwei Personen
in dicken Jacken eingehüllt
und spielen im Dezember Schach.
Wer hätte das sonst schon vor Corona gemacht?

Dezember 2020

…

Raum

Innehalten

Platz machen

Freiraum schaffen

Abstände erschaffen

Zu sich kommen

Achtgeben

Nicht aufeinander kleben

Kontaktlos

Körpernähe vermissend

Allein im Raum

ist manchmal beschissen.

Dezember 2020

Zwischen den Jahren

Übergang und Neuanfang.
So viel vorgenommen
Verbesserungen vorwärtsgetrieben,
Veränderungen.
Doch was ist am Ende geblieben?

Vielleicht wünsche ich mir
fürs neue Jahr
einfach mal wieder
ein bisschen mehr Frieden.

Dezember 2020

2021

Küchenkaraoke

In der Küche
wird gesungen,
als hätte die Welt
den letzten Atem
ausgeklungen.

Kuchenduft liegt
in der Luft,
angespuckte Krümel
auf dem Boden.

Und wir tanzen
barfuß singend
zu zweit:
"I wanna be by your side…"

Januar 2021

Regelkonform

Regeln bestimmen das Leben,
um Einhaltung der Maßnahmen
wird dringend gebeten.
Polizeiwagen fahren herum,
beobachten das Geschehen.
Versuchen etwas unsichtbares
zu kontrollieren.
Brav zu Hause sein,
sich möglichst nicht weit weg
von zuhause bewegen.
Regelkonformes Leben
du bist so einengend
anstrengend
ermüdend
und alles, was Spaß macht
wird verboten.

Januar 2021

Wirklichkeit

Und die Wirklichkeit
wird festgemacht.
Was habe ich eigentlich
den ganzen Tag gemacht?

Saß zuhause,
las ein Buch
ging ein Stündchen raus,
Gewissensgang.

Sitze wieder zuhause,
selbst Fernsehschauen
ist mir mittlerweile ein Graus.

Denk mir mittlerweile eigene Krimis aus.
Google, was ich noch backen kann,
zum Glück hat YouTube so viele Videos,
die ich mir noch alle anschauen kann.

Mache Homesport,
Homeschooling, Homeoffice und
liefere mir alles nach Haus.
Wirklichkeit, du bist mir grade ein Graus.

Januar 2021

Einst ging ich so am Straßenrand

vertieft in ein Gespräch,
über die kleinen Geschenke des Lebens.
Wir philosophierten und diskutierten
über die Momente des Augenblicks
und über das Leben als Ansichtssache.

So muss man doch manchmal
nur die Augen aufmachen,
für die vielen kleinen wunderbaren Sachen.

Denn wenn man darauf achtet
findet sich jeden Tag
ein kleines Zeichen,
dass das Universum dich mag.

Sei es der tiefe Atemzug für einen neuen Tag
oder die Blumen und bunten Blätter am Wegesrand
das Grinsen von Unbekannten,
der Anruf eines Freundes.

Schreibt auf, was euch begegnet
und ihr werdet feststellen
die kleinsten Dinge,
sind die größten Geschenke des Lebens.

Januar 2021

Flockdown

Die Welt sieht
viel schöner aus,
wenn Schneeflocken fallen.

Und sich am Boden
in den Bäumen
und Sträuchern festkrallen.

Eine weiße Pracht,
leuchtend hell,
glitzernd in der Sonne
und so rein zugleich.

Unschuldig weich,
wird die Welt noch leiser gedreht,
nur ab und zu hört man das Knirschen,
wenn Spaziergänger sich auf
dem Schnee bewegen

oder das leise Zischen,
wenn ein Langläufer
den kleinen Hügel vorm Haus hinunterfegt.

Ab und an Kinderlachen
von Schlitten die gezogen werden
durch die weiße Winterpracht.

So muss ich zugeben, dass der
Flockdown das Leben
doch ein bisschen schöner gemacht hat.

Februar 2021

…

Habe mir jetzt Tinder runtergeladen,
denn ich habe den lauten Sex meiner Nachbarn
nicht mehr ertragen.
Swipe jetzt von Bild zu Bild
und matche wild.
Ob ich sie wirklich treffen will,
ich weiß es nicht.
Es ist eher so
die Möglichkeit zu haben
auch mal wieder
trotz der Corona Zeit
ein Date zu wagen.

Februar 2021

Für die nächste Pandemie

kaufe ich mir ein großes Haus
und lade alle meine Freunde und Familie
ein mit mir zusammen
ein großer gemeinsamer Haushalt zu sein.

Und damit es uns nicht langweilig wird,
ist eine Rutsche als Treppe da und
Hängematten zum Entspannen.
Im großen Garten wird es Lagerfeuer geben
und manchmal bauen wir die Leinwand auf
und machen ein großes Kino in unserem Zuhause.

Die Küche wird großartig sein und lädt
ab und zu auch mal zum Tanzen ein.
An den Wänden werden Klettergriffe hängen
und es gibt einen großen Spieleraum,
der ist besser als ein Bällebadtraum.

Viele Pflanzen werden stehen und in
unserem Garten werden wir eigenes Gemüse
anbauen und Blumen säen.

Wir werden jede Menge Farben haben,
um in der vielen Zeit
alles schön bunt anzumalen.

14.02.2021

...

Ich werde die Dinge
ganz anders bewerten,
wenn wir wieder normal Leben werden.
Freunde treffen,
Kaffee trinken,
draußen beisammensitzen,
beim Sport gemeinsam schwitzen.
Diese kleinen alltäglichen
Begebenheiten und Gelegenheiten
werden für mich
massiv an Wert steigen.

Februar 2021

Die Luft ist raus

Ich will nicht mehr nur in mein Haus.
Möchte Cafés, Schwimmbäder,
Turnhallen von innen sehen,
mich wieder aktiv sportlich bewegen.
Menschen in die Arme nehmen
ohne im Hinterkopf zu haben,
Warnung, Warnung,
das Virus kann uns alle haben.

Ohnmächtig stehen wir da,
haben eine Impfung
doch es zieht sich lang,
keiner kann dir so genau sagen
in einem Land das fast alles plant,
wann wir wieder Freiheiten haben.

Februar 2021

Rockstar

Ein Rockstar allein auf dem Marktplatz.
Keine Menschen umringen ihn,
doch er feiert einfach allein weiter,
tanzt und spielt Gitarre
für das gewünschte Publikum.

Doch keine Menschen
sind in der Stadt,
ihm gehört allein der
gesamte Marktplatz.

Februar 2021

Stimme

Meine Stimme ist eher so durchschnittlich laut,
aber dafür kann sie eine Meinung vertreten
und zwar meine eigene!

Und zwischen all den Debatten,
die die Politik diskutiert,
hat sie das Gefühl, dass gerade etwas
Gefährliches passiert.

Jede Stimme, die sich gegen die neuen Corona
Regeln beschwert wird niedergemacht
oder fällt in ein rechtes Milieu.
Wird aufgegriffen von Faschisten und verwendet von denen
man nicht will, dass diese sie benutzen.

Und ich sehe es auch ein, ein paar Regeln zu halten,
um das Infektionsgeschehen nicht zu weiterzuverbreiten,
aber manche gehen einfach in der persönlichen Freiheit
zu weit.

Letztlich war ich mit einem Freund am See
und es wurde dann doch ziemlich spät, ca. kurz nach 10.
Wir waren dort vollkommen allein,
keine anderen Menschen weit und breit.

Haben Musik angemacht und einfach
dass gemacht, was uns gerade Spaß gemacht hat.
Laut rumgeschrien in die Dunkelheit hinein

und ein bisschen wild umhergetanzt.
Und dort in diesem Moment,
war meine Stimme ziemlich laut.
Und diese Stimme will nicht zu den Rechten zählen,
auch nicht zu den Linken.

Aber sie will trotzdem ihre eigene Meinung vertreten,
sie will nachts noch spätabends zu hören sein
und sie will nicht nur zu Hause sein.

Gleichzeitig will sie auch Rücksicht nehmen.
Deswegen schreit sie erstmal Danke an all die Menschen,
die anderen helfen gegen die Erkrankung zu kämpfen.

Sie schreit aber auch nach mehr Freiheit und Raum.
Sie schreit danach, dass sich die Politik
mehr Lösungen bezüglich Corona zutraut.

Sie schreit danach, sinnlose Regeln abzubauen.
Und sie schreit für die Rechte, die im Grundgesetz stehen
und gerade ganz besonders,
für die, seine eigene Meinung zu vertreten.

März 2021

Tage fast wie Sommer

Tage wie Sommer ziehen vorbei.
Klarer Himmel, strahlendes Blau,
laden zum im Park Verweilen ein.
Erste Blüten blühen ungerade,
fallen raus,
aus der Winterdepriphase.
Öffnen sich leise,
wie eine Tür nur spaltbreit.
Damit sie sich
schneller wieder verschließen können,
falls der Winter doch nochmal
ins Land kommt.

März 2021

Ich hätte gerne mal wieder

ein Ticket in der Hand.
Ungezwungen will ich raus
in ein anderes Land.
Neue Orte sehen
und mich ein bisschen
fremd und verloren fühlen.

Mit anderen Leuten quatschen,
nur um festzustellen,
dass wir nicht die gleiche Sprache sprechen und
miteinander gemeinsam darüber lachen.

Und mit Händen und Gesten versuchen
mich weiter nach dem Weg zu erkundigen,
den Google Maps mir vorschlägt,
der aber auf Grund von Netzwerkproblemen
in dem Moment wie so üblich unauffindbar ist.

Am liebsten würde ich dabei keinen Mundschutz tragen,
mich frei und ungebunden fühlen.
Und weil ich und meine unbekannten Gesprächspartner:innen
uns so ausgezeichnet mit unserer Gestensprache verstehen,

werden wir ein Stück gemeinsam weitergehen.
Uns dabei besser kennenlernen und wer weiß
vielleicht das nächste Ticket
für die Weiterreise zusammen ersteigern.

Bis sich unsere Wege trennen werden
und ich wieder Lust habe,
nach Hause zurückzukehren.

März 2021

Resonanz

Der Körper schwingt,
schneller und schneller
versucht mitzuhalten
sich mit anderen mitzuteilen,
um Einklang zu erreichen.

Und die Schwingungen weiterzureichen
um aufzunehmen, zu probieren und zu aktivieren.
um Energie zu energetisieren
und Anregungen zu geben,
denn ohne sie, kann nichts Neues passieren.

März 2021

Dreamer

First, I am a Dreamer.
I dream about a better World.
Like a child
who questions everything they see.

And I see so many inequalities
which are still existing
and I am wondering
if the adults forgot
to look with children's eyes
to the things that are happening
around the world and everything.

And I ask myself
when they will begin
to ask again the important things
and to start answering
and finding solutions
for a better world,

where we can live
in peace with all
and where everyone has
the right to call it home.

Secondly, I am a Believer
I believe in a lot of things
but mainly I believe

that we can do everything
to make the dreams we dream reality.

To create
To share
To answer
questions we care.

So that we can live
peacefully and free
in a world that
we create with and through
our dreams.

And to make finally reality
what humanity
has been longing
for centuries.

März 2021

Bodenlos

Ich ziehe meine Schuhe aus,
streife meine Socken runter,
lege sie beiseite.

Denn ich habe
den Boden unter den Füßen verloren.
Ich habe vergessen, wie es sich anfühlt
die Erde zu spüren.

Rau und sanft,
hart und weich,
spitz und rund
zugleich.

Alle Varianten liegen auf der Erde
nebeneinander oder aufeinander
und ergeben ein rundes Ganzes.

Und meine Gedanken fangen an zu wandern,
denn unsere Erde kennt keine Kanten.
Sie ist rund geformt
ohne Anfang und Ende
in sich geschlossen ein Ganzes.

Und wenn ich barfuß auf der Erde stehe,
spüre ich den Teil, den ich vergaß,
den ich wegschloss und ignorierte,

der aber gleichzeitig das Wichtigste ist,
um zu existieren,
den nur mit, von und aus der Erde,
kann Leben entstehen, wachsen und werden.

April 2021

After Corona Party

Und in deinem kleinen Zimmer
läuft guter Blues.
Deine Hände greifen die Gitarre
blitzschnell greifen deine Finger
die Seiten entlang.

Der Beat ist gut.

Die Personen im Zimmer
fangen an zu tanzen,
drehen sich im Rhythmus der Musik.
Die Körper stoßen oft zusammen,
doch das macht in dem Moment nix.

Vergessen ist das Jahr mit Abstandhalten.

Viel lieber wird sich berührt
gelacht und sich frei und
unbeschwert gefühlt.

Mai 2021

...

Und in den Straßen ist es immer noch leise,
doch Menschen sitzen wieder draußen.
Lachen, trinken, verschwinden
zum Bier auspinkeln.
Schlagen sich die Wolldecken
um den Körper,
frieren vielleicht ein bisschen
aber es ist egal,
denn dieser Biergartenabend
fühlt sich an als wäre
alles wieder normal.

Mai 2021

...
Aufatmung
Umarmung
Offene Biergarten
Freudige Erwartungen
Lachende Menschen
in Grünanlagen:
Masken voneinander reißen,
um Leben willkommen zu heißen.

Juni 2021

Blauweiß

Weißblau.
Zwei Fäden baumeln sanft
an den Enden
leicht wie eine Feder.

Getragen vom Wind
ein kurzer Schutz
für Stunden nur
und schon wird sie
vom Gesicht gerissen.

Frische Luft ungefiltert eingesogen
und weil der Wind bläst
fliegt sie davon.

Vielleicht wollte sie jemand
nochmals tragen?
Die blauweiß,
Weißblaue Maske,

wird von dannen gerissen
und mitgetragen
schutzlos in der Natur
schwebt sie auf unserem blauen Planeten.

Liegt auf Asphaltstraßen.
Hängt zwischen den Ästen.
Schwimmt auf dem Wasser.

Liegt auf Bahngleisen.
Steckt zwischen alten Zeitungsseiten.
Und wird vielleicht
doch aufgesammelt,
zusammengeschmissen,

in einen großen Brei
gepresst, gedruckt
in Stücke zerrissen.

Blauweiß
ist jetzt nicht mehr zusammen,
sondern wird getrennt.

Teile auseinandergepflückt,
teilweise verbrannt
zum Recyclen und weiterdeponieren,

der Maskenteile, die uns Schutz gaben
für eine kurze Weile.
Aber auch in umgekehrter Weise
gleichzeitig nicht nur Schutz,
sondern auch Schmutz sind.

Wir hinterlassen überall unsere Spuren,
ein unsichtbares Ding, hat uns Menschheit in die Knie

GEZWUNGEN

und wir versuchen,
das Problem zu beheben,
in dem wir in allen möglichen Farben
Mundschutzpflaster tragen.

Juni 2021

Zeichen

Ich sah die Vögel heute fliegen überm Feld.
Untenrum, obenrum
und mitten durch das blaue Himmelszelt.

Zwitscherten ein Liedchen,
so wie ihnen es gefällt.
Und vor mir auf dem Wege,
fand ich eine gepunktete Feder.
Ein kleines Andenken,
wie ein Haar das zufällig zu Boden fällt.

Und doch ein Zeichen,
dass man hier gewesen ist
und die Vögel hier für ein paar Sekunden,
aber vielleicht auch für Stunden
wild herumgeflogen sind.

Wie schön wäre es,
wenn wir nichts hinterlassen auf dieser Welt,
außer schöne Dinge, die andere berühren
und die nicht die Natur und Menschen verletzt.

Wir stattdessen einfach kommen und gehen
und im Inneren für uns selbst geradestehen.
Wir uns nicht verbiegen und verkrümmen müssen
von gesellschaftlichen Ansprüchen,

sondern wir uns
in der kurzen Lebenszeit dazwischen,
einfach gut mit allen verstehen
und friedlich miteinander umgehen.

14.06.2021

Aus G grenzt

Geimpft
Getestet
Genesen

Keins von diesen 3 G´s
will ich mehr lesen.
Wir schließen Menschen
von der Gesellschaft aus.

Fast alle machen mit
und stecken sich fast täglich
eins dieser ekligen Stäbchen
in die Näschen.

Ich frage mich leise,
wann ist es so weit gekommen,
dass wir vom Abstandhalten
ins Teste Land verfallen sind?

Tag für Tag brauchen wir eine Bestätigung,
um irgendwo ein bisschen länger
in einem Geschäft zu verweilen.

Der Verstand der Menschen hat wohl in den
letzten Jahren auch eine Pause gemacht.
Und um Angst und Panik weiterhochzuhalten
Aus G renzungsregeln geschaffen.

Letztendlich stellt sich wieder einmal die
altbekannte philosophische Frage,
wie wollen wir Leben?
Meine Antwort darauf:
Auf jeden Fall ohne Aus G renzungsregeln!

Dezember 2022

2022

Zoom- Hybrid

Schwarze Kacheln
blinken hell.
Gesicht unbekannt,
Person unbekannt,
Ort unbekannt.

Knackendes Rauschen,
die Technik kracht.
Mikrofonrauschen
nach über 2 Jahren
immer noch nicht
besser gemacht.

Ich sehe Herberts Schnauzer kurz,
Annes Wohnzimmer
und ihre vielen Bücher.

Jemand hat das Mikrofon an.
Rückkopplung es quietscht
laut und unangenehm.

Entschuldigung in der
Probe hat es doch
so gut funktioniert.

Klicke die Kacheln durch,
lese die Namen,
lache kurz auf.

Atomnutella und Hitchcock
sind auch erschienen,
haben wenigstens Humor.

Der Präsentierende trägt weiter vor
es klappt eine halbe Stunde,
dann krächzt ein Huster
mir ziemlich nah ans Ohr.
Ekelhaft.

Kann nicht mehr zuhören
alles verschwimmt,
schließe die Augen,
schließe die Kacheln,
schließe Zoom.

Endlich kein Rauschen.

Gehe raus in die Sonne,
starre in den blauen Himmel
und denke leise
die Menschheit ist komisch
auf ihre Art und Weise.

März 2022

Krieg

Zwischen und unter den Häusern
versteckt.
Kapuzenverdeckt
ganz leise,
ein Schluchzen zu hören.
Angstschweiß riechend
hocken sie da,
hoffen auf einen neuen Tag
ohne Bomben und Waffengeräusch.
Hoffen auf Leben oder Flucht
aus dieser Stadt
aus diesem Land,
das plötzlich im Krieg versinkt,
verbrannt und zerstört wird
von anderen Menschen
die bitterlich kämpfen,
um den Krieg zu beenden.

März 2022

Taube

Weiße Taube flieg,
flieg schneller
durch die vielen
Wälder und Felder.

Flieg dorthin,
wo die Bomben fallen.
Fang die Kugeln auf,
bevor sie auf den Boden knallen.
Hebe dein weißes Federkleid
und lass es fallen.

Wind, Wind
puste fester,
sodass die vielen Federn
wild herumfliegen
und Kinder hochspringen
damit sie sie kriegen.

Und die Bombenleger
und Attentäter

INNEHALTEN

und den Druckknopf
nicht mehr festhalten.

Stattdessen vorhandene Mauern einreißen,
um besser zu den anderen Menschen
auf der anderen Seite zu eilen,
um sich in Frieden zu vereinen.

März 2022

Lonely

Raum aushalten
Platz machen
Gedanken kreisen

Schreien: Ich will reisen!

Infiziert
Giftig
Bedrohlich

Schließe die Augen
7 Tage
vorbei…

April 2022

Corona-Song

Ich habe die Seuche mir eingefangen
und ich weiß nicht wo,
vielleicht wars beim Tanzen
vielleicht aber auch vom öffentlichen Klo.

Ist auch egal,

jetzt sitze ich hier auf dem Dach
ganz schönes Wetter.
Sonnenstrahlen.
Und würde gern ans Meer,
vielleicht endlich baden
und danach ein Eis.

Aber ich habe die Seuche,
ich habe die Seuche
und bin in Isolation.
Allein gefangen.
Achtung Ansteckungsgefahr
Shalalala

Drum singe ich ein Lied,
dass die Zeit schneller verfliegt.
Schramme auf meiner Gitarre
dieses shittige Lied,
um zu vergessen,
dass ich verseucht bin.

Teste jeden Tag
bis ich einen negativen
einzelnen Strich sehe
und endlich wieder raus darf.
Leute sehen und umarmen
einfach das Leben wieder haben.

April 2022

2020   12

2021   58

2022   90